BALADAS Y CANCIONES
DEL PARANÁ

Colección Clásicos Universales

LOSADA

Rafael Alberti

BALADAS Y CANCIONES DEL PARANÁ

(1953-1954)

PRÓLOGO DE
José María Balcells

LOSADA

Colección Clásicos Universales
Dirección y selección de esta colección: Àlex Broch
Diseño cubiertas: Ferran Cartes / Montse Plass

BALADAS Y CANCIONES DEL PARANÁ
(1953-1954)
Rafael Alberti

Moreno 3362, Buenos Aires (1209), Argentina

producida y distribuida por OCEANO GRUPO EDITORIAL, S.A.
Milanesat, 21-23
EDIFICIO OCEANO
08017 Barcelona (España)
Teléfono: 93 280 20 20*
Fax: 93 280 56 00
http://www.oceano.com
e-mail:librerias@oceano.com

Primera edición: septiembre, 1999
ISBN: 950-03-9021-3
Impreso en España - Printed in Spain
Depósito legal: B-30567-XLII
10293949

PRÓLOGO

Baladas y canciones del Paraná es uno de los conjuntos poéticos más logrados de toda la obra literaria de Rafael Alberti, y acaso el que más revela la dimensión musical del verso albertiano. Libro impregnado de nostalgias, uno de sus rasgos fundamentales consiste en la múltiple simbiosis entre América y España que se evidencia en dicho poemario.

Exiliado primero en Francia tras la guerra civil española de 1936-1939, en el invierno de 1940 comienza el poeta su destierro en la Argentina, y años después, concretamente en 1953-1954, compuso *Baladas y canciones del Paraná* en una casa próxima al río Paraná, y que era conocida por la gente como «La quinta del Mayor loco», porque había pertenecido a un militar español que alcanzó el grado de mayor en el Ejército argentino, y al que se tenía por loco, aunque «el loco no era él, sino su mujer».[1]

Soledades y añoranzas

En el título *Baladas y canciones del Paraná* se alude al vasto paisaje fluvial que pudo contemplar Rafael Alberti a orillas de un escenario concreto de aquella geografía argenti-

1. Cf. María Teresa León, *Memoria de la melancolía*, Losada, Buenos Aires, 1970, p. 251.

na. Pero se alude también a la estructura primera del libro, en cuya edición más temprana, la de 1953, se iban alternando sucesivamente ambos tipos de textos, es decir baladas y canciones. El poeta iba luego a ampliar aquel conjunto que había aparecido en el mismo volumen que *Ora marítima*, de modo que la organización definitiva de la obra, en 1954, en que ya se publica como libro independiente, consta de tres partes. Se conserva en la primera el diseño alternativo originario, con 17 baladas y otras tantas canciones, añadiéndose después dos series de canciones, y todavía con posterioridad se incorporó a las referidas tres partes el grupo de poemas titulado «Otras baladas y canciones».

Baladas y canciones del Paraná se articula internamente de modo que el hablante lírico va expresando su soledad en aquel lugar de la tierra de acogida, Argentina, y al mismo tiempo expresa su nostalgia de España en un perimundo que lo mantiene aislado y por ende en una situación de angustia. El aislamiento solitario del yo, así como la dolorosa desazón por encontrarse tan lejos de tierra española, ocasionan que el marco argentino en el que pasa sus días le traiga a menudo a la memoria sus múltiples vínculos con sus horizontes de nacimiento, con la reciente historia de su patria, y con tantas cosas diversas de España. Se hace así efectiva la paradoja de que, siendo éste un libro americano, y más en concreto argentino, hasta el punto de que confirmó la integración del poeta en aquella República, los versos de la obra remitan insistentemente a España.

Paisaje visto y paisaje evocado

El pretexto del paisaje es fundamental en *Baladas y canciones del Paraná*, esperable consecuencia de hallarse Alberti sumergido en el entorno natural de aquel terreno húmedo y cenagoso bañado por el río que da título al libro. Tan fundamental es el paisaje que incluso ha podido ser considerado como el protagonista por antonomasia de este conjunto albertiano. Aquel medio paisajístico no es plasmado en verso con pretensión de objetividad descriptiva, sino muy subjetivamente, humanizándolo e interiorizándolo el poeta hacia sus honduras psíquicas. Ahí, en lo más profundo del yo lírico, el paisaje argentino va a juntarse con el español, de modo que el paisaje inmediato aviva las sensaciones impresas de la geografía patria. Por esta razón, aun cuando Alberti intentó en un principio un canto a los elementos esenciales más representativos del bañado del Paraná, no pudo ni quiso evitar que tales elementos se refiriesen, palimpsésticamente, a los tan distantes paisajes españoles.

Esta palimpsestación está ocasionada por el recuerdo, tal como había ocurrido también en otros momentos de la trayectoria literaria del escritor gaditano, en cuya vida madrileña no dejaba de tener en la mente su bahía, y en cuyo exilio americano tampoco iba a dejar de establecer «concomitancias con la tierra natal, distante y, sin embargo, sentimentalmente próxima».[2] La naturaleza del recuerdo que se nos muestra en *Baladas y canciones del Paraná* resulta *sui generis,* porque en general no se trata de un recuerdo voluntariamente decidido, sino de un recuerdo inconsciente, no deliberado. Al yo le vienen a la memoria sus paisajes españoles y su ayer en España, pero de manera diferente a la evocación del pasado que está en el fondo de sus *Retornos de lo vivo lejano,* cuyas fechas de escritura son próximas a las del conjunto que nos ocupa, y cuyas remembranzas son fruto de una exploración voluntaria.

2. *Véase* Ricardo Senabre, *La poesía de Rafael Alberti*, Universidad de Salamanca, Salamanca, 1977, p. 86.

En *Retornos de lo vivo lejano* intentó Alberti revivir sus vivencias pretéritas más inolvidables, pero en *Baladas y canciones del Paraná* predomina la reviviscencia inesperada sobre la presentización consciente, que tan sólo se da ocasionalmente. Esta divergencia implica otra disparidad que concierne al tiempo, toda vez que «la memoria voluntaria suele llevar hacia las superposiciones "espacio-temporales", o "tiempo-espaciales", mientras que la memoria inconsciente tiende a traer lugares, o fragmentos de lugares, casi desgajados del tiempo».[3] El tiempo pasa a un segundo plano en *Baladas y canciones del Paraná,* en notoria disimilitud con los *Retornos de lo vivo lejano,* donde el factor temporal resulta básico por ser una obra henchida de tiempo.

Memoria de la guerra

La referencia a España que se lee en *Baladas y canciones del Paraná* no se circunscribe al medio natural. También la por entonces reciente guerra civil acude a la memoria del escritor a orillas del gran río argentino-uruguayo. Al respecto, hemos constatado que en la parte I del libro la contienda española no se menciona expresamente, aun cuando es obvio que está implícita en la situación de destierro del poeta, y parecido puede decirse de la sección tercera. En cambio, en el grupo segundo se concentran remembranzas y presentizaciones de la guerra: ya en la canción 2 de la serie asoma la referencia a la lid bélica como causa de su exilio, y más adelante va a explicitarse la lucha fratricida en varios poemas.

---

3. Cf. Aurora de Albornoz, «Por los caminos de Rafael Alberti», en su libro *Hacia la realidad creada,* Edicions 62, Barcelona, 1979, p. 227.

Algunas veces la rememoración de la guerra trae consigo el recuerdo de poetas amigos que ya desaparecieron, como ocurre en dos poemas de la serie inicial del libro, y que ilustran esos nostálgicos pensamientos. Son el 16, que el poeta dedicó a Antonio Machado, y sobre todo el 24, pretextado en aquel momento por la reciente muerte en Boston de Pedro Salinas, en 1951, texto en el cual evoca también Alberti la muerte de Machado, de García Lorca y de Hernández:

¡Qué dolor que te hayas ido,
sin haberte visto más,
como yo hubiera querido!
Amigo.

Antonio se fue. Y se fueron
también Miguel y Federico.
Con ellos tú también ahora.
Amigo.

Pero no son los poetas amigos los únicos a los que se siente Alberti vinculado en *Baladas y canciones del Paraná*, sino también a dos poetas del pasado literario hispánico que también sufrieron exilio: el rey musulmán Almotamid, y Garcilaso de la Vega. A la composición donde se evoca al poeta toledano siguen otras canciones inspiradas en la España Imperial de la Conquista, y en ellas poetiza Rafael Alberti aspectos diversos de la llamada de la aventura oceánica que secundaron tantos soldados españoles que no regresarían nunca a la península.

El canto compartido

Un pretexto también importante en *Baladas y canciones del Paraná* es el de la acción de cantar, así como el de la poética del canto. El pretexto apenas aparece en la parte primera, y en cambio resulta insistente en la segunda, volviendo a reiterarse en la tercera, aunque con menos énfasis que en la sección central, que comienza con ocho canciones en las que Alberti plasma pensamientos diversos acerca de la temática y de la forma de sus textos líricos. El escritor advierte que su situación de confinamiento en aquel enclave argentino le fuerza a repetir una y otra vez los mismos motivos, pero añade que lo que en verdad le interesa es la vida que va infundida en su canto, la fusión de sentir y pensar que anida en el seno de su palabra, recordándonos de este modo el credo unamuniano en la canción 8: «Sentimiento, pensamiento./ Que se escuche el corazón/ más fuertemente que el viento.»

El canto albertiano nace de la soledad del desterrado, pero a través de sus versos el hablante lírico deja de sentirse solo, porque conoce que su voz puede ser compartida por aquellos que la escuchen y la lean, máxime porque se está cantando la esperanza de una transformación humana en España y en el mundo que supone el reto poético y político colectivo que propone el poeta:

> Creemos el hombre nuevo,
> cantando.
>
> El hombre nuevo de España,
> cantando.
>
> El hombre nuevo del mundo,
> cantando.

Diario lírico neopopularista

Los poemas de *Baladas y canciones del Paraná* se suceden de manera parecida a la de un diario, toda vez que los versos van plasmando el sentir cotidiano del yo, unas veces expresado en tono de canción, otras bajo la modalidad de la balada, la cual suele ofrecer algún desarrollo narrativo que puede proseguir «en diversos poemillas que, en disposición abierta, componen un tenue hilo musical».[4] El libro contiene una honda simbología, en la que destacan simbolismos como el del encarcelamiento figurado del hablante lírico en aquel paraje argentino, y el del viento, representativo de cuanto puede desplazarse con toda libertad hacia cualquier distancia, por lejana que esté.

Concebida la obra como canto, y sólo secundariamente como lectura, recupera en ella su autor la vertiente neopopularista del ciclo de *Marinero en tierra, La amante* y *El alba del alhelí*, y en su virtud tampoco falta en el poemario la recreación de textos tradicionales españoles.[5] Composiciones con rimas agudas, y muchas con las asonancias alternantes del romance, otras se estructuran en forma de letanía, o con estribillos, paralelismos, pies quebrados, y varias técnicas habituales en la poesía popular hispánica. Tales fórmulas van sucediéndose en este conjunto popularizante en cuyo popularismo domina la soledad y la tristeza, a diferencia del de la época de *Marinero en tierra*, tan rebosante de alegría vital.[6]

José María Balcells
Universidad de León.

4. En Emilia de Zuleta, «La poesía de Rafael Alberti», dentro de *Cinco poetas españoles*, Gredos, Madrid, 1971, p. 388.

5. Sobre la vertiente popularista albertiana, se remite al estudio de Armando López Castro, «Rafael Alberti y la poesía tradicional», en su libro *Poetas del 27*, Universidad de León, León, 1993, pp. 95-128.

6. Cf. Kurt Spang, *Inquietud y nostalgia. La poesía de Rafael Alberti*, Universidad de Navarra, Pamplona, 1973, pp. 131-132.

BIBLIOGRAFÍA

ALBERTI, Rafael, *Obra Completa. Poesía.*, Edición de Luis García Montero, Aguilar, Madrid, 1988, 3 vols.

ALBORNOZ, A., «Por los caminos de Rafael Alberti», en *Hacia la realidad creada,* Barcelona, Edicions 62, 1979, pp. 221-237.

ARGENTE DEL CASTILLO, C., *La poesía de Rafael Alberti. La poesía del destierro,* Universidad de Granada, 1986.

BELLVER, C.G., *Rafael Alberti en sus horas de destierro*, Colegio de España, Salamanca, 1984.

DELOGU, I., *Rafael Alberti,* La Nueva Italia, Florencia, 1972.

GONZÁLEZ LANUZA, E., *Rafael Alberti,* Ediciones Culturales Argentinas, Buenos Aires, 1965.

GRANADOS, V., «La etapa argentina de la poesía de Rafael Alberti», *Epos* 1 (1984), pp. 71-84.

MANTEIGA, R.C., *The Poetry of Rafael Alberti. A visual approach,* Tamesis Books, Londres, 1978.

SALINAS DE MARICHAL, S., *El mundo poético de Rafael Alberti,* Gredos, Madrid, 1975.

SENABRE, R., *La poesía de Rafael Alberti,* Universidad de Salamanca, Salamanca, 1977.

SPANG, K., *Inquietud y nostalgia. La poesía de Rafael Alberti,* Universidad de Navarra, Pamplona, 1973.

WARNER, I.R., «Subjective Time and Space in Alberti´s *Baladas y canciones de la Quinta del Mayor Loco», Bulletin of Hispanic Studies* L (Octubre, 1973), pp. 374-84.

WESSELING, P., *Revolution and tradition: The Poetry of Rafael Alberti,* Albatros-Chapel Hill, Valencia, 1981.

BALADAS Y CANCIONES DE LA QUINTA DEL MAYOR LOCO

CANCIÓN 1

¡Bañado del Paraná!
Desde un balcón mira un hombre
el viento que viene y va.

Ve las barrancas movidas
del viento que viene y va.

Los caballos, como piedras
del viento que viene y va.

Los pastos, como mar verde
del viento que viene y va.

El río, como ancha cola
del viento que viene y va.

Los barcos, como caminos
del viento que viene y va.

El hombre, como la sombra
del viento que viene y va.

El cielo, como morada
del viento que viene y va.

Ve lo que mira y mirando
ve sólo su soledad.

BALADA
DE LA SOMBRA
DEL MAYOR LOCO

Por aquí soñó la sombra
del Mayor.

Era nocturna la sombra
del Mayor.

Con una espada mataba
las serpientes el Mayor.

Y por dos veces su esposa
quiso matar al Mayor.

Un rifle secreto un día
de viento inventó el Mayor.

Otro, la puerta que daba
al campo tapió el Mayor.

Y otro, desaparecía,
sombra en el viento, el Mayor.

CANCIÓN 2

En horizontes tan largos,
me soplan los aires cortos,
los aires de pies ligeros,
los aires finos,
de pies quebrados.

Vuelvan a mí, siempre ágiles,
veloces, tenues, livianos.
Nada pesa, suspendido.
Vuela el árbol.
El bañado está en el aire,
por el aire los caballos.
El río pende del cielo,
y todo el campo.

El hombre, un pájaro apenas.
Y la mujer, un vilano.
(Apenas casi un vilano.)

Para cantar lo que el aire
lleva sin casi llevarlo,
volved a mí, finos aires,
los aires cortos, ligeros,
de pies quebrados.

BALADA
DE LO QUE
EL VIENTO DIJO

La eternidad bien pudiera
ser un río solamente,
ser un caballo olvidado
y el zureo
de una paloma perdida.

En cuanto el hombre se aleja
de los hombres, viene el viento
que ya le dice otras cosas,
abriéndole los oídos
y los ojos a otras cosas.

Hoy me alejé de los hombres,
y solo, en esta barranca,
me puse a mirar el río
y vi tan sólo un caballo
y escuché tan solamente
el zureo
de una paloma perdida.

Y el viento se acercó entonces,
como quien va de pasada,
y me dijo:

21

La eternidad bien pudiera
ser un río solamente,
ser un caballo olvidado
y el zureo
de una paloma perdida.

CANCIÓN 3

Aquí sí yo hubiera sido
caballo, sólo caballo
junto al río.

Es tanta la soledad
del hombre y tan grande el río,
que aquí sí yo hubiera sido
caballo, sólo caballo
junto al río.

Ser como piedra encendida
del viento y pacer dormido
sobre el bañado del río,
junto al río.

De pronto, un relincho largo
y un galopar infinito,
para seguir siendo piedra
del viento y pacer dormido
del otro lado del río,
junto al río.

BALADA DE DON AMARILLO

Pobre está Don Amarillo.
Pobre está.

Pobre a la lluvia y al viento.
Pobre al sol, Don Amarillo.
¡Qué pobre está!

Va de caballo en caballo,
Don Amarillo.
Va de quinta en quinta. Va.
¡Qué pobre y perdido va!
Pide pan Don Amarillo.
Pide pan.
Sólo un pedazo de pan.

¿Qué dan a Don Amarillo?
¿Qué le dan?

Sólo un pedazo de viento,
de sol y lluvia le dan.
Es todo lo que le dan.

Solo está Don Amarillo.
¡Qué solo está!

Al filo de las barrancas,
frente al bañado, se va.
¡Qué pobre y perdido va!

Si el cielo está sordo, el río
más grande y más sordo está.

Se sienta frente al bañado
Don Amarillo.
Y ladra a la inmensidad.

CANCIÓN 4

Los barcos pasan tan cerca
de la orilla,
que bien pudieran llevarse
una rama de los sauces
de la orilla.

Está tan cerca la orilla,
que si los barcos quisieran
también pudieran llevarse
un caballo de la orilla.

¡Qué bien estar a la orilla
de esta orilla
en donde pueden los barcos,
si es que los barcos quisieran,
llevarse al mar un caballo,
una rama de los sauces
y la orilla!

BALADA DE LO QUE SUCEDIÓ EN LA COCINA DE LA QUINTA DEL MAYOR LOCO

La cocina estaba sola.
–Te voy a llevar conmigo.

La muchacha era del campo
y él del campo: campesinos.

La muchacha no quería.
–Casada, me iré contigo.

El fuego que los miraba
se puso más mortecino.

–Te voy a llevar conmigo.

La muchacha repetía:
–Casada, me iré contigo.

Murió el fuego. Y en lo oscuro
pasó un fuego repentino.

–Te voy a llevar conmigo.

La sangre hablaba, hacia el río.
–Te voy a llevar conmigo.

La cocina se abrió, muda.
La sangre hablaba, hacia el río.

CANCIÓN 5

Di, río, ¿qué puedo ser
ante ti,
tan inmensamente grande?
Y tú, río,
¿qué puedes ser ante mí?

Si fueras barco, te irías.
Si fuera barco, me iría.
¿Qué quedaría de ti,
qué de mí?

Solo estás y solo estoy.
Te miro. Me miras. Y,
tan inmensamente grande,
¿qué puedo ser para ti?

Adiós, río. Nunca digas
que me viste, que te vi.

BALADA
QUE TRAJO UN BARCO

Las dríadas son las jacas
y los faunos los caballos.
(Un barco griego ha movido
los árboles del bañado.)

Paloma del Paraná,
vuela y vámonos.

Los pinos de la barranca
son los del Mediterráneo.
Un viejo gaucho en el viento,
Sagitario.

Abeja del Paraná;
vuela y vámonos.

Ríe en chiripá Sileno,
borracho entre los naranjos.
Venus austral baila hoy
sobre un verde equivocado.

Estrella del Paraná,
vuela y vámonos.

CANCIÓN 6

Si yo estuviera cansado,
río grande, de la vida,
¿qué no haría por perderme
por tus islas?

Sé de las islas del mar,
pero no sé de tus islas.
Las tuyas tienen caballos,
niñas azules las mías.

Dame un caballito overo
por una niña.

Si yo estuviera cansado,
río, tú me lo darías,
sé que tú me lo darías.

BALADA DE LA PRESENCIA DEL MAYOR LOCO

Salgo al campo. Las estrellas.
¿Por dónde andará el Mayor?

Salta un sapo de la yerba.
¿Por dónde andará el Mayor?

Una culebra se arrastra.
¿Por dónde andará el Mayor?

Se enciende un tuco, se apaga.
¿Por dónde andará el Mayor?

Pasa un caballo sin nadie.
¿Por dónde andará el Mayor?

Una voz llama en el aire.
¿Por dónde andará el Mayor?

Cruje sin viento el molino.
¿Por dónde andará el Mayor?

Arde un velero en el río.
¿Por dónde andará el Mayor?

Ladra una garza. Y el sueño
anda sin sueño perdido.

¿Por dónde andará el Mayor?

CANCIÓN 7

Basta un balcón sobre el río
y unos caballos paciendo
para viajar noche y día
sin moverse.

Los caballos están fijos
y el río está quieto siempre.
Sólo, a veces,
pasa un barco que lo inquieta,
y el aire, para moverse
un poco y trabajar algo,
cambia un caballo de sitio,
y allí lo deja.

Y el hombre del balcón vuelve,
mientras, de un largo viaje,
sin moverse.

BALADA
DE LOS MOSQUITOS

Mosquitos, si me dejáis,
voy a cantaros, mosquitos,
mejor que como cantáis.

Gallos furiosos del alba,
perros rabiosos del cielo,
legión de picas,
nube de espadas,
mosquitos.

Iguanodontes del sueño,
elefantes de las sombras,
gatos garduños,
leones sedientos,
mosquitos.

Zarzamoras voladoras,
espinos desesperados.
cerca de púas,
yucas furiosas,
mosquitos.

Fuego voraz sin amparo,
sarampión sin remedio,
viruela roja,
sello cáustico,
mosquitos.

Espuelas del que anda lento,
bofetadas del dormido,
del no dormido,
del mar despierto,
mosquitos.

Picanas del campesino,
vampiros del que trabaja,
del que se mueve,
del pensativo,
mosquitos.

Punzones de los caballos,
alfileres de la siesta,
plaga de agujas
de los rebaños,
mosquitos.

Asesinos del poeta,
verdugos de esta balada,
enterradores.
Al fin, mosquitos,
mosquitos.

CANCIÓN 8

Hoy las nubes me trajeron,
volando, el mapa de España.

¡Qué pequeño sobre el río,
y qué grande sobre el pasto
la sombra, que proyectaba!

Se le llenó de caballos
la sombra que proyectaba.

Yo, a caballo, por su sombra
busqué mi pueblo y mi casa.

Entré en el patio que un día
fuera una fuente con agua.

Aunque no estaba la fuente,
la fuente siempre sonaba.

Y el agua que no corría
volvió para darme agua.

BALADA
DEL MAYOR LOCO
EN EL VIENTO

Grita con el sudoeste.
Sola y nocturna la sombra,
negra y llovida la barba,
con la lluvia y con el viento
sudoeste.

Se bate con la espada
contra los muros cerrados
de la casa.

Clava puertas y ventanas
de la casa.

Grita y llora, gime y ríe,
alrededor de la casa.

Sólo se va cuando el viento
acaba.
Cuando la lluvia y el viento
ya se acaban.

CANCIÓN 9

Aquí se está quieto, pero
el mundo sigue girando.

Aquí se mueven los pájaros,
pero están quietos.
Y el mundo sigue girando.

Yo estoy quieto, pero el mundo
dentro de mí está girando.

¿Qué saben estos caballos,
estas dulces campanillas,
estos perros y este largo
sollozo de la paloma?
¿Qué el hombre que va en el aire
galopando?

Se mueven, pero están quietos.
...Y el mundo sigue girando.

BALADA DEL QUE SE CREÍA DORMIR SOLO

Soplaba el viento del río.
La casa, deshabitada.
Soplaba el viento del río
contra la casa.

Yo entré en la casa sin puerta.
Había una sola cama.
Yo entré en la cama vacía,
deshabitada.
Soplaba el viento del río
contra la cama.

Mi cabeza y mis dos ojos
durmieron en su almohada.
Seguía el viento soplando
en la almohada.

Soplando, el viento del río
me entró en los ojos el alba.

Y una culebra dormida
debajo de la almohada
vi en el alba.

Silbaba el viento del río
debajo de la almohada.

CANCIÓN 10

Paloma desesperada,
¿dónde estás?

Te oigo cantar en el alba,
pero no sé dónde estás.
Ni en qué árbol ni en qué rama.

Te oigo cantar en la siesta,
pero no sé dónde cantas.
¿Dónde estás?

Te oigo cantar en la tarde,
ya junto a mí, ya lejana.
Pero no sé dónde estás,
dónde cantas.

Te oigo cantar en la noche,
y siempre desesperada.
¿Dónde estás, triste paloma
desesperada?

Di, ¿por qué desesperada?
¿Dónde estás?

BALADA
DEL UNO Y DEL OTRO

Uno llegó a estas orillas.
De España llegó. Venía.
Era el Uno.

Otro llegó a estas orillas.
De Italia llegó. Venía.
Era el Otro.

Uno y Otro.
Otro y Uno.
Iguales los dos venían.
Llenas de sueños las manos.
Bien llenas, pero vacías.

Uno y Otro vieron cómo
era la tierra infinita.
Tierra virgen, tierra plena,
tierra rica.

Uno y Otro,
Otro y Uno,
doblados sobre la tierra
infinita,
la lloraron, la sudaron,
dándole cuanto tenían.
Uno y Otro,

Otro y Uno
le dieron cuanto tenían.
Y al fin la tierra en las manos
les puso cuanto tenía.

Años después llegó otro,
otro Uno a estas orillas.
De España también venía.
Y otro Otro
también llegó a estas orillas.
De Italia también venía.

Otro Uno
y otro Otro.
Iguales los dos venían.
Llenas de sueños las manos.
Bien llenas, pero vacías.

Uno se marchó a la tierra
que el viejo Uno tenía.
Y Otro se marchó a la tierra
que el viejo Otro tenía.
Y vieron que ya la tierra
no era esa tierra infinita.

Doblados sobre esa tierra,
le dieron cuanto tenían.
La lloraron, la sudaron,
dándole cuanto tenían.
Otro Uno
y otro Otro
le dieron cuanto tenían.

Y el Uno en poder del Uno
y el Otro en poder del Otro,
se quedaron para siempre
con las dos manos vacías.
Otro Uno
y otro Otro,
con las dos manos vacías.

CANCIÓN 11

Hoy el Paraná respira
con aliento de azahares.
Con el azahar me voy.
No me detengáis.

Llego a costas que me llaman.
Me aposento en litorales
que me conocen de antiguo.
Me voy.
No me detengáis.

Por allí andaba la mar
dentro de los naranjales.
Y el amor... No me llaméis.
Me voy.
No me detengáis.

BALADA
DE LOS OCIOSOS
DEL CAMPO

Están sentados, mirando.
Sin hacer nada.

Tienen veinte, treinta años.
Y están sentados, mirando.

¿Qué miran?
                No miran nada.
¿Qué escuchan?
                No escuchan nada.
¿De qué hablan, cuando hablan,
sin hacer nada?
La pereza les ha puesto
su soledad en la cara;
y el tener quieta la frente
y siempre flojas las manos,
ese fijo
trozo de piedra en la cara.

No hay diarios. Y las ondas
del mundo apenas les llegan.
Y si les llegan, no escuchan.
Y si escuchan, no oyen nada.

Son menos que los caballos
y esas vacas
que pacen juntos y miran
el río de cuando en cuando,
que relinchan y que mugen
de cuando en cuando.

Son menos que las ovejas
que balan,
que el picaflor que les liba
las flores,
que el molino que les sube
el agua,
que esos ladrones que pasan
y les roban los frutales.
Son menos que los ladrones
que pasan.

Siguen sentados, mirando.
Sin hacer nada.

Otras manos
ya se cansaron por ellos.
Y ellos, ahora, descansan.

Sentados, ellos descansan.

CANCIÓN 12

Todo es claro.
Pero si en mí está lo oscuro,
¿cómo he de cantar diáfano?

Puedo llegar a la luz
por la oscuridad del paso
de sombras que llevo dentro,
nadando a ciegas, nadando.

Mas para nadar, a veces,
faltan brazos.
Y el canto se queda a oscuras,
y hoy, para mí, ya no es canto.

BALADA OSCURA DE LA VUELTA DEL MAYOR LOCO

Dos disparos en la tarde.
Un caballo rueda herido,
y un hombre, con el caballo,
rueda herido.

Se ha cerrado una ventana.
La sangre baña el bañado,
abriendo cauce hacia el río.

Por los pastos de la noche,
llega al río.

La casa está a oscuras. Dentro
sólo la habitan ruidos.
Venir de las comadrejas.
Ir de las ratas. Ruidos.
Ir y venir de ruidos.

No se duerme. Todo a oscuras.
El quinqué, roto. Las velas,
un seco llanto amarillo.

Afuera, un barco. Y la sangre,
lenta, bajando hacia el río.
Por los pastos de la noche,
siempre al río.

CANCIÓN 13

(Almotamid)

El campo, de terciopelo,
bordado está de caballos.
Verde el terciopelo y negra
la greca de los caballos.

Pienso en el rey de Sevilla,
triste y blanco.

Cuelga el río en su cintura
un alfanje azul de barcos.
Y encima, el cielo, un turbante
azul con pájaros blancos.

Pienso en el rey de Sevilla,
desterrado.

Una golondrina vuela,
hacia la mar, río abajo.
¿Adónde vas, golondrina,
sin oírme, río abajo?

Pienso en el rey de Sevilla,
encadenado.

BALADA
DE LA SINCERIDAD
AL TOQUE DE ÁNIMAS

Señor, al toque de Ánimas,
hoy te invoco, aunque no creo
que me escuches, pero eres
todavía una palabra
aprendida desde niño,
y hay veces, como esta tarde,
que no está mal repetirla.

Señor, ser viento, Señor.
Viento, ser campo, Señor.
Campo, ser yerba, Señor.
Yerba, ser nido, Señor.
Nido, ser pluma, Señor.
Pluma, ser nube, Señor.
Nube, ser cielo, Señor.
Cielo, ser lluvia, Señor.
Lluvia, ser río, Señor.
Río, ser barco, Señor.
Barco, ser humo, Señor.
Humo, ser mares, Señor.
Mares, ser luna, Señor.
Luna, ser rayo, Señor.
Rayo, ser trueno, Señor.
Trueno, ser calma, Señor.
Calma, ser ira, Señor.

Ira, ser verde, Señor.
Verde, ser azul, Señor.
Azul, ser negro, Señor.
Negro, ser bruma, Señor.
Bruma, ser claro, Señor.
Claro, ser alba, Señor.
Alba, ser día, Señor.
Día, ser día, Señor.
Cualquier cosa que se vea,
que flote, vuele o se hunda,
que sepa que está en el aire,
que está en la tierra o en el agua.
Algo, ser algo, ser algo,
menos lo que soy ahora:
un poeta, las raíces
rotas, al viento, partidas,
una voz seca, sin riego,
un hombre alejado, solo,
forzosamente alejado,
que ve ponerse la tarde,
con el temor de la noche.
Cualquier cosa, pero viva,
por más pequeña que sea.
Sí, cualquier cosa, Señor,
pero viva, cualquier cosa...

CANCIÓN 14

Yo mataba los murciélagos
en torres frente a la mar.
Hoy, en balcones lejanos
de la mar y frente a un río,
pasan, negros, por mi frente
y no los quiero matar.

Murciélagos de los días
torreados, frente al mar:
yo os mataba, pero ahora
que está cayendo la tarde
tan lejos de aquella mar,
aunque pasáis por mi frente
¡seguid! , no os puedo matar.

BALADA DEL SILENCIO TEMEROSO

Aquí, cuando muere el viento,
desfallecen las palabras.
El molino ya no habla.
Los árboles ya no hablan.
Los caballos ya no hablan.
Las ovejas ya no hablan.

Se calla el río.
Se calla el cielo.
Y el benteveo se calla.
Y el loro verde se calla.
Y el sol arriba se calla.

Se calla el hornero.
El zorzal se calla.
Se calla el lagarto.
Se calla la iguana.
Se calla la víbora.
La sombra, abajo, se calla.

Se calla todo el bañado
y la barranca se calla.
Se calla hasta la paloma,
que nunca jamás se calla.

Y el hombre, siempre callado,
entonces, de miedo, habla.

CANCIÓN 15

Si este campo verde fuera
de pronto el mar, estaría
todo él en movimiento.

Los caballos nadarían,
dando más cumbre a las olas.
Los toros, paciendo el mar,
las medias lunas al viento,
más horizonte a las olas.

Y los rebaños de ovejas,
albos vellones del mar,
más espumas a las olas.

Pero este campo está fijo,
quieto al sol, sin movimiento,
sin comprender que si fuera
de pronto el mar, dejaría
de estar quieto.

BALADA
DEL ANDALUZ
PERDIDO

Perdido está el andaluz
del otro lado del río.

–Río, tú que lo conoces:
¿quién es y por qué se vino?

Vería los olivares
cerca tal vez de otro río.

–Río, tú que lo conoces:
¿qué hace siempre junto al río?

Vería el odio, la guerra,
cerca tal vez de otro río.

–Río, tú que lo conoces:
¿qué hace solo junto al río?

Veo su rancho de adobe
del otro lado del río.

No veo los olivares
del otro lado del río.

Sólo caballos, caballos,
caballos, solos, perdidos.

¡Soledad de un andaluz
del otro lado del río!

¿Qué hará, solo ese andaluz
del otro lado del río?

CANCIÓN 16

Hoy amanecieron negros
los naranjos.
Los azahares tan blancos
ayer a la tarde, negros.
¡Qué negros han despertado!

No sé qué viento ha caído
anoche por la barranca.
Si no el viento, algo ha caído
anoche por la barranca.
Algo.

Al balcón esta mañana,
igual que todos los días,
me asomé a ver los naranjos,
y vi lo que estoy diciendo.
Algo, algo
que, por no entender del todo,
me callo.

BALADA
DE LA NOSTALGIA
INSEPARABLE

Siempre esta nostalgia, esta inseparable
nostalgia que todo lo aleja y lo cambia.
Dímelo tú, árbol.

Te miro. Me miras. Y no eres ya el mismo.
Ni es el mismo viento quien te está azotando.
Dímelo tú, agua.

Te bebo. Me bebes. Y no eres la misma.
Ni es la misma tierra la de tu garganta.
Dímelo tú, tierra.

Te tengo. Me tienes. Y no eres la misma.
Ni es el mismo sueño de amor quien te llena.
Dímelo tú, sueño.

Te tomo. Me tomas. Y no eres ya el mismo.
Ni es la misma estrella quien te está durmiendo.
Dímelo tú, estrella.

Te llamo. Me llamas. Y no eres la misma.
Ni es la misma noche clara quien te quema.
Dímelo tú, noche.

CANCIÓN 17

A la soledad me vine
por ver si encontraba el río
del olvido.
Y en la soledad no había
más que soledad sin río.

Cuando se ha visto la sangre,
en la soledad no hay río
del olvido.
Lo hubiera, y nunca sería
el del olvido.

BALADA DEL POSIBLE REGRESO

Barrancas del Paraná:
conmigo os iréis el día
que vuelva a pasar la mar.

No ya como el Conde Olinos,
que de niño pasó al mar,
seré cuando pase el mar.

Mi cabeza será blanca,
y mi corazón tendrá
blancos también los cabellos
el día que pase el mar.

Pero una cosa en mi sangre
siempre el viento moverá
verde cuando pase el día
que vuelva a pasar el mar:

¡Barrancas verdes del río,
barrancas del Paraná!

CANCIONES
(I)

CANCIÓN 1

Otra vez en el balcón
del verano.
A cantarme nuevamente
cómo se va otro verano.

Nuevamente,
lo inmóvil que está el caballo,
lo inmóvil que pasa el río,
lo inmóvil que arde el bañado.
Nuevamente,
lo inmóvil que arde el bañado.

Para cantarme lo mismo
que esperé el otro verano,
nuevamente, en el balcón
–¡ay!– del verano.

CANCIÓN 2

¿A quién echarle la culpa
yo
de tener que repetirme
yo,
de volver a oír lo mismo
yo,
a cantar lo mismo yo,
la culpa de ver lo mismo?

Alguien que tuvo la culpa
–¡y cuánta sangrienta culpa!–
me trajo a este mismo sitio.

Y, calandria presa yo,
canto en este mismo sitio
yo.

CANCIÓN 3

Estos silbos que me silban
estribillos.

Pequeños cantos,
cantarcillos.

Bien está
que yo merezca todavía
cantar.

CANCIÓN 4

Cantar más chico que un grano
de arroz.

Cuanto más chico, más chico,
se le adentra más el sol.

Cuanto más chico, más chico,
se oye mejor.

CANCIÓN 5

Versos largos, versos largos,
caminos interminables,
pies y pulmones cansados.

Me basta una sola línea
para la risa o el llanto.

Y hasta me sobra esa línea
para el llanto.

Cuando una lágrima corre,
la dejo correr en blanco.

CANCIÓN 6

Ya no me importa ser nuevo,
ser viejo ni estar pasado.
Lo que me importa es la vida
que se me va en cada canto.

La vida de cada canto.

CANCIÓN 7

No me avergüenza cantar
en verso que dicen viejo.
También el canto encanece
más que el verso.

CANCIÓN 8

Sentimiento, pensamiento.
Que se escuche el corazón
más fuertemente que el viento.

Libre y solo el corazón,
más que el viento.

El verso sin él no es nada.
Sólo verso.

CANCIÓN 9

Esta ventana me lleva,
la mire abierta o cerrada,
a Jerez de la Frontera.

Que este campo,
donde galopan o duermen
los caballos,
y este río,
por más grande que parezca,
son Jerez de la Frontera.

Campo y río
de Jerez de la Frontera.

CANCIÓN 10

La soledad en la siesta,
te quiero decir, parece
una muchacha encendida,
una alta hoguera.

Los pechos, grandes, quemados,
y los cabellos, ardidos,
al cielo, altos.

Es la siesta.
La soledad en la siesta.
Vientre levantado al sol,
brazos tendidos y piernas.
Quiero decirte: muchacha
dormida, plena.
Fuego en el aire, y abajo,
la tierra.
Más que abrasada la tierra.

Es la siesta.
La soledad en la siesta.

CANCIÓN 11

Apostado a la ventana,
para ver si pasa la iguana.

Ayer pasó. Ayer la vi.
¡Dios del sol, que iba tan galana!

Mas no iba preguntando por mí.
Y, sin embargo, ayer la vi.

CANCIÓN 12

Quisiera cantar: ser flor
de mi pueblo.
Que me paciera una vaca
de mi pueblo.

Que me llevara en la oreja
un labriego de mi pueblo.

Que me escuchara la luna
de mi pueblo.

Que me mojaran los mares
y los ríos de mi pueblo.

Que me cortara una niña
de mi pueblo.

Que me enterrara la tierra
del corazón de mi pueblo.

Porque, ya ves, estoy solo,
sin mi pueblo.
(Aunque no estoy sin mi pueblo.)

CANCIÓN 13

Se duerme.
Pero hay un perro que no quiere.

No se duerme.
Pero hay un perro que quiere.

Se descansa.
Pero hay un cordero que bala.

No se descansa.
Pero hay un cordero que no bala.

La noche. La siesta.
Perros y corderos de fiesta.

CANCIÓN 14

Vuelo de mensajería,
calandria fluvial, calandria.
¿No quieres llevarme tú
una carta?

Vuelo de mensajería
para un ruiseñor de España.
Di, calandria.

Verás un jardín y un árbol
que se sube a una ventana.
¿Sí, calandria?

Alguien pena allí esperando
una carta.
Si le preguntas su nombre...
Se llama como él me llama.
¿No quieres llevarme tú
una carta?

Adiós, calandria del río,
americana.

CANCIÓN 15

Sé que el hambre quita el sueño.
Pero yo tengo que seguir cantando.

Que la cárcel nubla el sueño.
Pero yo tengo que seguir cantando.

Que la muerte mata el sueño.
Pero yo tengo,
yo tengo que seguir cantando.

CANCIÓN 16

(Antonio Machado)

Con cuánta melancolía
pienso en ti. Tú hubieras visto
lo que yo miro esta tarde.
Cosas naturales, cosas
tan buenas, puras y santas,
que sólo pueden mirarse
con lágrimas en los ojos.
Un río que no se mueve,
pero que nos da la mano,
susurrando nuestro nombre.
Un caballo que levanta,
al vernos pasar, la frente,
queriéndonos decir algo.
Un perro fiel que nos prueba
su amor y su mansedumbre,
durmiéndose a nuestras plantas.
Un árbol que nos ofrece
su sombra como el amigo
que nos entrega su casa.
Y una pradera encendida
que llega hasta el horizonte,
tendiendo pastos tranquilos
en el cielo...

CANCIÓN 17

Cantas raro,
pajarraco.

Repites letras y letras,
y nadie atiende a tu canto.

Y si lo atiende... ¡Qué risa,
pajarraco!

CANCIÓN 18

Tierras lejanas... Y toros.
Y barcos... Mares lejanas.

Os beso, tierras sagradas
para mí, tierras lejanas.

Me arrodillo en vuestras olas,
en vuestras arenas, playas.

Olas y arenas sagradas,
para mí, mares lejanas.

CANCIÓN 19

Abrió la flor del cardón
y el campo se iluminó.

Los caballos se encendieron.
Todo se encendió.

Las vacas de luz pacían
pastizales de fulgor.

Del río brotaron barcas
de sol.

De mi corazón, ardiendo,
otro corazón.

CANCIÓN 20

Campos de paz. Y, sin embargo,
hoy los miro llenos de muertos.

Trincheras y flores de sangre.
Tierra de muertos.

Dejadme que en esta mañana
cuide a mis muertos.

Jardines y cantos de vida
para mis muertos.

¡Que maravillas van un día
a dar mis muertos!

CANCIÓN 21

El campo nos torna buenos
y ni siquiera a las moscas
quisiéramos darles muerte.

Pero son tantas, Dios mío,
las que pusiste en los vientos
solares de este verano,
que –perdonad, zumbadoras,
oscuras y enloquecidas–
tengo que darles la muerte
para poder cada día
seguir cantando.

CANCIÓN 22

Yo no sé –dímelo, viento–,
si al cabo de tantos años
el canto que sopla dentro
de mi corazón, la música
de mi corazón son algo
más que tú, que eres tan sólo
viento.

¿Qué he sido, viento?
Viento quizás, sólo viento.
Solo, ahora, aquí contigo,
de cara a ti –díme, viento
cansado de estas barrancas–,
¿soy lo que tú, sólo viento?

Quise ser vario, diverso,
múltiple, tener un cántico
pleno.
Yo quise
tener un cántico pleno.

Pero no sé, viento solo,
perdido de estas barrancas,
si seré al fin lo que tú:
viento.
Algo que tan sólo pasa
y en nadie deja recuerdo.

Viento quizás, sólo viento.

CANCIÓN 23

Estaban en tierra caídos,
mejor, volcados.
Pisoteados.

Yo, que por allí pasaba,
vi que eran soldados.

Comprendí que de los míos.
Soldados.

Mi mismo traje vestían.
Sus ojos rotos me miraron.

Esto lo recuerdo ahora,
lejos, en otros campos.

CANCIÓN 24

(Pedro Salinas)

¡Qué dolor que te hayas ido,
sin haberte visto más,
como yo hubiera querido!
Amigo.

Antonio se fue. Y se fueron
también Miguel y Federico.
Con ellos tú también ahora.
Amigo.

Siéntate al pie de estos naranjos,
junto a estas barrancas y ríos.
Dichosa sube la mañana.
Pero qué lejos, amigo.

Te escucho, alegre, en tus balcones.
Por las calles, alegre, te sigo.
Tu voz me canta como en sueño.
Pero, amigo, qué lejos, amigo.

Aquella tierra con nosotros
no fue lo buena que quisimos.
Cuántas cosas en ella dejamos.
Cuánto le dimos, amigo.

Algún día nos tendrá juntos
aquella pobre tierra, unidos.
Mientras, al pie de estos naranjos,
junto a estas barrancas y ríos,
descansa a mi lado, amigo.

Dichosa sube la mañana.
Siéntate junto a mí, buen amigo.

CANCIÓN 25

Por allí, ahora, ya estarán durmiendo,
mientras aquí llueve con sol.

Los asesinos, los tristes,
bien escondidas las manos
debajo de la almohada.

Por allí, ahora, sobre sus raídas
cabezas pálidas, sordas,
mientras aquí llueve con sol,
la mirada de algún santo,
la de la Virgen tal vez,
o los brazos
abiertos violentamente
del pobre Crucificado.

Dormidos por allí, ahora,
mientras aquí llueve con sol.

CANCIÓN 26

Río de Gaboto,
te miro correr.
Fresa pálido en la mañana.
Encendido, al atardecer.

Río de Gaboto,
te miro pasar.
¿Cuándo, díme, para mí el día
color de mar?

(Tiene el volver color de mar.)

CANCIÓN 27

(Lucía Miranda)

Nada había. Sólo agua.
Y a ti te vieron las aguas,
aguas del río, las aguas,
Lucía Miranda, amor.

Nada había. Ni caballos,
ni estos naranjos que ahora
mira el viento. Ni esta casa.
Sólo agua.
Tú viste correr las aguas,
aguas del río, las aguas,
Lucía Miranda, amor.

Flechas y piedras caídas,
sangre de amor y fogatas.
Eso había. Y lo que había
se lo llevaron las aguas,
contigo, también, las aguas,
Lucía Miranda, amor.

CANCIÓN 28

Naves de Sanlúcar salen
para el Paraná.

Garcilaso de la Vega
hubiera podido embarcar.

Hubiera llegado a estas tierras,
no para en ellas guerrear.

Sino para cantar el río
Paraná.

Sauces le hubiera dado el río
Paraná.

Y verdes ninfas él al río
Paraná.

CANCIÓN 29

Turbación en los altos pastos.
Viento fuerte contra la aurora.

Son los caballos de Mendoza.

Crines sacudidas, estruendo
de sangre en las aguas atónitas.

Son los caballos de Ayolas.

Fatiga, fatiga, fatiga.
Guerrear y siembra de cruces.

Son los caballos de Alvar Núñez.

Hambre, sed, polvo, hierro, muerte.
Noche en las selvas asombradas.

Son los caballos de Irala.

Caballos de España, caballos
en las tierras americanas.

La nueva tierra americana.

CANCIÓN 30

Por el Paraná, bajeles
esta noche.

Descargas de artillería,
por el Paraná, esta noche.

Sombra del Adelantado,
sombra camino del mar,
esta noche.

¿Quién va a morir en el mar
esta noche?

CANCIÓN 31

A aquellos soldados un día
los llamó el mar ignorado.

Pedro, Francisco, Juan o Antonio,
les gritaba el viento oceánico.

Antonio, Juan, Francisco o Pedro
a otras orillas arribaron.

Llanos sin mancha, selvas hondas,
montes sin fin y ríos largos.

Pedro, Francisco, Juan o Antonio
nunca volvieron. Se quedaron.

Jóvenes, viven todavía.
Tienen casi quinientos años.

CANCIÓN 32

América está muy sola
todavía.

¡Qué cuerpo deshabitado,
piel de desértica vida!

Desde este balcón la veo
vacía.

Abajo, tierra sin nadie,
con las estrellas arriba.

Sola y lejana en su noche,
muy sola, pero encendida.

CANCIÓN 33

Hoy quiero soñarte, río,
más pequeño.

Igual que el Guadalquivir,
o más chico, como el Duero.

Y todavía más chico,
más pequeño.

Lo mismo que el Guadalete
de mi pueblo.

Río que sueña en ser mar,
debe ser mar, si es su sueño.

Déjame así que hoy te sueñe
más pequeño.

CANCIÓN 34

Noche turbada de mugidos.
¡Si estaré acaso en las dehesas!

Los toros bravos se responden.
La luna atónita los ciega.

¿Son las marismas? ¿Es el mismo
bramar antiguo el que me llega?

¿Cuándo la tierra en que no estoy
me hará sentirme en otra tierra?

CANCIÓN 35

Mis perros –todos se han ido–
me inquieren, me anhelan algo.

¿Qué harían si yo me fuera,
si por algo
tuviera yo que dejarlos?

Tienen miedo de quedarse,
igual que Don Amarillo,
solos por estas barrancas,
ladrando.
Pidiendo de puerta en puerta,
mirando al río, ladrando.

No me preguntéis. Un día
nos iremos en un barco.
No os quiero decir adonde.
En un barco.

El alma de la Centella
me aguarda, os está esperando.
Las costas del sol son grandes.
Los castillos, altos.

Le ladraréis a la mar
desde los castillos altos.

También la Niebla me espera,
me aguarda, os está esperando.
Los campos del sol son grandes.
Y los montes, altos.

Le ladraréis a la luna
desde los montes más altos.

No me preguntéis. Dormíos.
Nadie nos está llamando.
Todavía
nadie nos está llamando.

CANCIÓN 36

Tres jinetes
y un toro bravo.
Un toro bravo
y tres caballos.

Furioso, el viento,
corneando.

Tres jinetes
y un toro manso.
Un toro manso
y tres caballos.

Tranquilo, el viento,
descansando.

CANCIÓN 37

Creemos el hombre nuevo,
cantando.

El hombre nuevo de España,
cantando.

El hombre nuevo del mundo,
cantando.

Canto esta noche de estrellas
en que estoy solo, desterrado.

Pero en la tierra no hay nadie
que esté solo si está cantando.

Al árbol lo acompañan las hojas,
y si está seco ya no es árbol.

Al pájaro, el viento, las nubes,
y si está mudo ya no es pájaro.

Al mar lo acompañan las olas
y su canto alegre los barcos.

Al fuego, la llama, las chispas
y hasta las sombras cuando es alto.

Nada hay solitario en la tierra.
Creemos el hombre nuevo cantando.

CANCIÓN 38

Lívido el bañado y lívida
la luz sobre los caballos.

Un rayo se hinca en el río.
Corren chispas por el campo.

Artilleros de las nubes
truenan.
                    Yo estoy recordando
ciudades rotas y niños
despedazados.

Dios de las exhalaciones
y los truenos, ¿hasta cuándo
no borrarás esas armas
de tus espacios?

Clara siempre esté la tierra,
y siempre los cielos, claros.

La tierra y los cielos, claros.

CANCIÓN 39

Las velas ya derramaron
cuantas lágrimas tenían.

No tienen más que llorar.
Empiezo a ver. Me acompaña
tan sólo la oscuridad.

La más viva oscuridad.

CANCIÓN 40

No volvieron. Y yo estoy triste.
   Triste el bañado, sin Aitana.

Un caballo la espera, solo.
Me quiere hablar.
         –Vendrá mañana.

No volvieron. Y yo estoy triste.
Tristes los ríos, sin Aitana.

Un velero la espera, solo.
Me quiere hablar.
         –Vendrá mañana.

(Digo yo que vendrá mañana.)

CANCIÓN 41

Tanta hambre en aquellas tierras.
Tanto hombre casi desnudo.

Bellos los campos y los mares.
Cuanto Dios –dicen– allí puso.

¡Oh, los hermosos panoramas!
Pueblos y gentes para el lujo
de esos que miran y se alejan
felices sin gritar al mundo:

¡Cuánta hambre en aquellas tierras!
¡Cuánto hombre casi desnudo!

CANCIÓN 42

El loro, digo, el poeta
repetidor, en las ramas.

¡Cuánto loro digo, cuánta
invasión, duro castigo
de poetas en las ramas!

Hay ya más loros que ramas.

(Lorido-loro-lorido.
Loro-lorido-lorada.)

¡Silencio!, porque no puede
pasar la brisa que canta.

CANCIÓN 43

A J. Herrera Petere

Trenes en el viento, trenes
que van hacia el Guadarrama.

Pero por aquí, maizales,
ríos inmensos y barcos
que bajan hacia los mares.

Mas en el viento que pasa
yo escucho trenes lejanos
que van hacia el Guadarrama.

CANCIÓN 44

Bruma y llovizna en el Sena
¿Pero por qué estos caballos
mirándolo?

Puentes de París y orillas
de álamos.

Por un Paraná de bruma
hoy vuelvo a Francia a caballo.

CANCIÓN 45

Molino, ¿adónde me lleva
tu rueda?

No eres molino de vela.

De velas negras y blancas
tuve un molino de vela.

Isla de pinos azules.
Isla de higueras.

Pastores del mar bañaban
las ovejas.

Y el mar balaba en la arena.
Rodando,
balaba el mar en la arena.

CANCIÓN 46

En aguas del Baradero
lancé mi anzuelo.

Era de noche y un barco
llevó mi línea y mi anzuelo.

Las aguas del Paraná,
más lejos.
Se los llevaron más lejos.

Hoy pescan en otros mares,
solos, mi línea y mi anzuelo.

CANCIÓN 47

Por las islas, desertores.
Marineros de los barcos
españoles.

Huidos, buscan la noche.
Noche de libres estrellas
en los bosques.

Libres parecen las islas
en la noche.

Ser español y soldados
de la luz les dio la noche.
Calabozos más oscuros
que la noche.

Volverán. ¡Pero qué bellas
las libres islas de la noche!

CANCIÓN 48

De pronto, aparecen hilos
por todas partes: azules,
rojos, verdes, amarillos.

Vienen y van por el aire.
Hilos azules y rojos
para los árboles.

Del cielo, para los árboles.

Pasan volando y se van.
Hilos verdes y amarillos
para el mar.

De la tierra, para el mar.

CANCIÓN 49

Aquel río, un mediodía,
se volvió duro, de acero.
Barcos que por él pasaban,
no volvieron.
El viento, sí, sólo el viento.

El viento furioso, a golpes,
para romperlo.
Con la cabeza y el pecho.
Día y noche,
con la cabeza y el pecho.

Pero aquel río era un río
de acero.
Ya, para siempre, de acero.

CANCIÓN 50

Aunque yo quisiera ser
de otro país, de otra parte,
¿quién iba a ahogarme la voz
de mis mares?

¿Quién iba a ahogármela, a ahogarme?

Podré cantar este árbol,
estas tierras, este aire.
Podré cantar este aire.

Hasta morir yo podría
en otra parte.
Cantando yo, en otra parte.

Pero mi voz seguiría
la de mis mares.
Siendo la de mis dos mares.

¿Quién iba a ahogármela, a ahogarme?

CANCIÓN 51

En un verso de ocho sílabas
¿qué no cabrá,
si es una y tan sólo en ella
cabe el mar?

Ocho sílabas son muchas
para cantar.
Me basta una que tenga
por dentro el mar.

CANCIÓN 52

Tú resucitarás de entre los muertos,
porque están vivos
y viva tú entre los muertos.

No moriste,
porque ellos nunca murieron.
Tu hermoso rostro de siglos
está en ellos.
Tu hermoso rostro son ellos.

Con él respiran y hablan,
aunque estén muertos.
Con él se alzarán un día,
aunque estén muertos.

Viva estás. Sí, pero un día
tú resucitarás de entre los muertos.

CANCIÓN 53

Un barco al pasar me trajo
las ventanas de mi colegio.

Era una plaza redonda
con dos araucarias en medio.

A las seis se abría una puerta
y ya el sol se quedaba dentro.

Afuera, vacía, la plaza,
con las ventanas del colegio.

CANCIÓN 54

(Don Alejandro)

Como un olvido sin sombra,
llega.
Un mudo olvido delgado
que apareciera.

Arpas al aire los huesos.
Rotas, algunas cuerdas.
Saltadas, algunas cuerdas.

El viento de la barranca
los pulsa y roba una queja.
Perdida y larga, una queja.

¡Don Alejandro!
            –¡Alejaaandro!
Dicen las solas riberas
de los ríos.
            –¡Alejaaaandro!
Lejos, las solas riberas.

Callado, Don Alejandro,
oye su nombre y se aleja.
Como un olvido sin sombra
se aleja.

Ya sin ladrido, se aleja.

CANCIÓN 55

Se encienden luces que se marchan,
otras, que vienen y se quedan.

¿Yo con las luces que se marchan?
¿Con las que vienen y se quedan?

Yo con las luces que encendidas
se van, pero dejando estrellas.

CANCIÓN 56

Te marchaste sin decirnos
adiós.

Yo sé que tú no has podido
decirnos adiós.

¿No sabes tú que tampoco
nosotros hemos podido
decirte adiós?

Tiempos malditos y tristes
en los que hasta un triste adiós
hay sombras que lo prohíben.

CANCIÓN 57

Os llevaré retratados
en mis ojos.
En el claro de mis ojos.

Los mirarán cuando llegue,
y algunos dirán:
                    –Hay ríos
y caballos en tus ojos.

El alma de otros paisajes
se me ha quedado dormida
en los ojos.

¿No oís? ¡Qué lejanas aguas
y qué perdidos caballos
pasan, lentos, por mis ojos!

Por el claro de mis ojos.

CANCIONES
(II)

CANCIÓN 1

¡Qué tangible aparición!
Revelada maravilla.
Hay realidad que es más sueño
que el que inventa la vigilia.

Al bañado le ha salido
un pulmón de sangre tibia.
Beben en él los caballos
sangre de la tierra, tibia.

Tibio el aire, eleva barcos
sobre el agua suspendida.
Las vacas bajan del cielo
a beber la sangre tibia.

Es el otoño, y la tierra
me nace desconocida.
No sé si es verdad o invento
de mis ojos lo que miran.

CANCIÓN 2

En el otoño –¡viva el sol!–,
en el otoño, amor.

Lejos de ti, tan lejos yo,
en el otoño, amor.

Levantamé, inflamamé,
patria encendida –¡viva el sol!–,
en el otoño, amor.

CANCIÓN 3

Los amarillos ya estarán llegando
a aquellas tierras de por sí amarillas.
Quiero oírlos llegar cantando
tan lejos de las dos Castillas.

Amarillos color de la pobreza
y la desgracia, hermanas amarillas.
Cantarlos quiero en su grandeza
tan lejos de las dos Castillas.

Amarillos de otoño, helado umbrío
que les hiere las manos amarillas.
Cantarlos quiero en este río
tan lejos de las dos Castillas.

CANCIÓN 4

¡Viva el sol de la mañana!
¡Viva el sol!, le grita el pájaro
en la rama.

Y el campesino le canta:
¡Viva el sol!

Y el naranjito agobiado
de naranjas: ¡Viva el sol!

Y el tejado de la casa:
¡Viva el sol!

Y el caballo que lo siente,
tibia yerba, en la garganta:
¡Viva el sol!

¡Viva el sol!, le sube el río.
Y la bandera que pasa:
¡Viva el sol!

Toda la tierra es un ¡viva!,
el mundo todo, una salva.

¡Viva el sol!

CANCIÓN 5

También mucho sol, sequía
es para el campo. El labriego
mira si una nube negra
viene a cubrirlo. El labriego
sueña en que esa nube apriete
en su entraña el aguacero.

Llueve a mares. Y el labriego
sueña otra vez con el sol.
Y vuelve a mirar al cielo.

CANCIÓN 6

¡Ay Paraná, si te vieras,
Paraná!

Gran Paraná de Las Palmas,
Paraná.

Hoy tienes orillas altas
de mar.

Ya eres algo más que río.
¡Ya eres mar!

Hoy, sobre ti, si pudiera,
me haría, alegre, a la mar.

CANCIÓN 7

Se ha roto el río.

Pedazos de espejos rotos
navegan por todas partes.

Van espejos con caballos.
Espejos rotos, con árboles.

Se ha roto el río.

Desazogados cristales
rotos, azules y verdes,
que no podrá juntar nadie.

Se ha roto el río.

Y el cielo, roto en el aire,
no sabe ya en donde verse,
en donde, roto, mirarse.

CANCIÓN 8

Ven hoy a ver el bañado,
bañado.

El agua sube al balcón
los caballos.

¿Qué dirías tú si vieras
en el balcón un caballo?

¿Si vieras en las barandas
de tu balcón los naranjos?

Todo es espejo tendido,
alto.

La tierra verde, la tierra
está debajo.

La tierra ahogada, debajo.

CANCIÓN 9

Se han inundado las islas.
Las vacas y los caballos
pasan el río.
Retumba,
revienta, a saltos, el agua.
Lleva cabezas de potros
la corriente.
Surgen astas
en remolinos.
A tumbos,
la espuma relincha y brama.
Parece que el mundo nace,
que la tierra comenzara.
Ojos atónitos buscan
las orillas.
Dios descansa.

CANCIÓN 10

Se oyen pasos en el agua.
Lentos pasos, ya cercanos,
ya lejanos, en el agua.

¿De qué se estará poblando
el agua?

Nada se ve. Y, sin embargo,
suena el agua.

Resuena el agua, con algo
que no se ve. Y alguien pasa,
se acerca, se va alejando
por el agua.

Alguien que quizás tan sólo
vea el agua.

CANCIÓN 11

Los caballos pastan agua
del sol.

Hoy todo el sol es de agua.
¡Todo el sol!

Beben sol los sauces, beben
el agua helada del sol.

Mi corazón bebe agua
del sol.

Del río helado del sol.

CANCIÓN 12

Higueras de la barranca,
sombra negra en el verano,
hoy arañas del otoño,
grises, secas.

Yo sé adonde me lleváis,
higueras.

Aquellas, grandes, veían
pasar los barcos, higueras.

Vosotras, hijas del río,
hoy arañas grises, secas,
véis pasar también los barcos,
ya el otoño, grises, secas.

Higueras de la barranca,
higueras.

CANCIÓN 13

Cuando se va quien se quiere,
el campo se torna oscuro.
No se ve nada, aunque mires,
aunque sepas
que todo está iluminado,
y sepas que las naranjas
siguen de oro, que el río
sigue corriendo de plata,
que sigue el caballo blanco
siendo blanco,
y negro el cordero negro
y verde el verde del árbol.

Cuando se va quien se quiere,
el campo se torna oscuro
y andas a ciegas, buscando.

CANCIÓN 14

Se fue ya Aitana. (Corre el tren,
y en él, aún más que el tren, Aitana,
repitiendo la lección de mañana.)

A los fenicios los llamaron
los carreteros de la mar.
Comerciar, sólo comerciar
era el oficio que inventaron.

Llegaron a Cádiz un día,
después de pasar Gibraltar.
Hércules, que los vio llegar,
les concedió la factoría.

Luego de las costas de España,
pretendieron aún navegar.
Y acabaron abriendo un bar
en una aldea de Bretaña.

Lejos ya, Aitana. (Sigue el tren
corriendo, ya dormida Aitana,
aprendida la lección de mañana.)

CANCIÓN 15

Las fogatas, a lo lejos,
como barcos incendiados.

¿Arde el río,
o están ardiendo los barcos?

Se alzan en mi corazón
caminos bombardeados.

¿Quién se quema?
¿Quiénes se están abrasando?

Fuegos hay que no son fuegos.
...Mas yo no puedo mirarlos.

CÁNCIÓN 16

Cuando estoy solo, me salen
coplas nada más, coplillas
que no le importan ni al aire.
Hoy que solo me he quedado,
sin ni siquiera mirarme,
el aire pasó de largo.

CANCIÓN 17

La tristeza no es desánimo.
No es negación de la vida,
del ejecutivo brazo.

Por la profunda tristeza
de lo que el hombre ha pasado,
puede el hombre romper montes,
volar ríos, barrer campos.

Ganar de nuevo la vida
que le quitaron.
La vida que le robaron.

Mi tristeza es ira, es rabia,
cólera, furia, arrebato.

CANCIÓN 18

Yo no soy para estar solo.
Pienso de pronto que sí,
y pienso que no, de pronto.

Me espanta la soledad.
Es verdad, aunque yo crea,
de pronto, que no es verdad.

CANCIÓN 19

Belleza para mirarla,
descansado.

Para saber que es belleza,
libre el brazo.

Si tú tienes que arrear
los caballos.

Si barrer antes del alba
los establos.

Si en vez de marchar erguido,
ir doblado,

¿qué belleza puede abrirse
en los campos?

Te ganarás la belleza
por tu mano.

Y la mirarás un día,
descansado.

CANCIÓN 20

El árbol ya está carmín,
pero tú estas amarillo.

Membrillo.

Frente a ti el limón, de envidia
también se ha puesto amarillo.

Membrillo.

¿Qué amarillo de los dos,
hoy, para mí, mi amarillo?

Membrillo.

Hoja carmín, hoja verde.
Sí, pero el fruto, amarillo.

Membrillo.

Que al amarillo limón
hoy lo venza tu amarillo.

Membrillo.

CANCIÓN 21

Pensé ponerle a mi casa
de campo un nombre: El Olvido.

Pero pensé: ¡Qué buen nombre
para los que mal me quieren
y se llaman mis amigos!

Le di otro nombre: El Recuerdo.
Y di El Olvido al olvido.

CANCIÓN 22

Entró la noche, y pensaba
ser yo quien entraba y no
ser la noche quien entraba.

CANCIÓN 23

Hojas caídas, ¿puedo hablaros,
desear algo de vosotras?

Secas hermanas, otros tiempos,
tenaces en mis suelas rotas.

De noche, siempre en mis zapatos
persistíais mojadas, solas.

¿Puedo encontrar, hojas de hoy,
una de ayer entre vosotras?

CANCIÓN 24

Parten leña.
Se oyen los troncos heridos
por el hacha.

Rodar de troncos ya muertos
bajo el hacha.

Muge el bañado. La tarde
brama.

Parten leña, que a la noche
será brasa.

Y yo me acuerdo del humo
que otro viento se llevaba.

CANCIÓN 25

¡Cuántos hogares sin fuego!
¡Cuántos que no pueden ver,
sentir lo entrañable y tierno
que es el fuego!

Dulce es estar en la noche,
callado, mirando el fuego.

Fuego de mis soledades
momentáneas, en ti aprendo
lo que es la vida sin pan,
sin calor, sin ese sueño
que tiembla, fijo, en tu llama,
fuego.

Cuántas cosas tú me enseñas,
que a veces olvido, fuego.

De mi soledad de hoy
volveré contigo adentro.

CANCIÓN 26

Hoy me siento como si
cantara en mi nuevo canto
el alba del alhelí.

–Ven, mi amor. ¿Me quieres, di?
Sí, sí, yo te daré el alba,
el alba del alhelí.
Y si no, también el alba,
el alba del alhelí.

Dime que no.
Dime que sí.

CANCIÓN 27

No hay que decir: Estoy alegre.
Hay que estarlo.

Alegres hay que están muertos.
Muertos, y hasta ya enterrados.

Alegre, de lo profundo,
no porque yo diga estarlo.

Hoy digo: No estoy alegre.
Algún día voy a estarlo.

(Sin mentirme, voy a estarlo.)

CANCIÓN 28

...Y sin embargo, ¡qué alegre,
qué alegre y feliz ha sido
–y volverá a ser– mi canto!

Yo sé que me lo sustentan,
aunque ahora
se escondan, anden ocultas,
cosas y gentes que al mundo
no nacieron
más que para la alegría.

Allí están mis marineros
aguardando.
Mis costas de sol y verdes
rumores largos de vides
y de pinos, aguardando.
Allí, azules, mis salinas,
mi pueblo, mis pueblos blancos,
aunque clavados ahora
con tres clavos, aguardando.

Allí me están aguardando,
allí me esperan, mordiéndose
lo que un día
saltará de nuevo al viento,
cantando,
alegre y feliz, cantando.

CANCIÓN 29

La araña.
(¡Si la matara!)

Ha venido con la leña.
(¿Y si la matara?)

¿Por qué, si no es una araña?
Sí una arañita de cuento,
de fábula.

Solo estoy, junto a la lumbre.
Siéntate a mi lado, araña.

¿Y si te contara un cuento?
¿Y si tú me lo contaras,
araña?

CANCIÓN 30

(A. M.)

En un boliche cercano
del río, (en una taberna),
me acuerdo también de ti,
buen bebedor.
                    Las botellas
me miran, serias, en fila,
gritando en sus etiquetas
nombres de malos licores
y vino peor.
                    (Es buena
la viña de estos lugares,
pero –¿qué hacer?– cuando llega
al labio de quien la bebe,
más que alegría es ya pena.)

Vino que no hace cantar,
no es vino de nuestra tierra.
Lo mejor aquí es el río,
el agua corriente y fresca.

CANCIÓN 31

Canto, río, con tus aguas:

De piedra, los que no lloran.
De piedra, los que no lloran.
De piedra, los que no lloran.

Yo nunca seré de piedra.
Lloraré cuando haga falta.
Lloraré cuando haga falta.
Lloraré cuando haga falta.

Canto, río, con tus aguas:

De piedra, los que no gritan.
De piedra, los que no ríen.
De piedra, los que no cantan.

Yo nunca seré de piedra.
Gritaré cuando haga falta.
Reiré cuando haga falta.
Cantaré cuando haga falta.

Canto, río, con tus aguas:

Espada, como tú, río.
Como tú, también, espada.
También, como tú, yo, espada.

Espada, como tú, río,
blandiendo al son de tus aguas:

De piedra, los que no lloran.
De piedra, los que no gritan.
De piedra, los que no ríen.
De piedra, los que no cantan.

CANCIÓN 32

EN LA MUERTE
DE JUAN VICENTE LECUNA

A Calina.

Amigo todo armonía,
todo fino aire, todo
pura gracia y alegría.

Quiero llorarte cantando,
amigo todo armonía.

¿Quién pudo pensar que el aire
de pronto se pararía?
¿Quién que el pájaro en la rama
quebrara su melodía?

Yo sé que no muere el canto,
que no fallece la brisa,
que el mar no calla, que el cielo
no corre a la luz cortinas.

Pero aunque de pronto el canto,
de pronto el mar y la brisa
y el cielo de pronto apaguen,

llorando, su melodía,
quiero llorarte cantando,
amigo todo armonía,
todo fino aire, todo
pura gracia y alegría.

CANCIÓN 33

Puede ser que yo no sea
de este siglo.
No sé si del que vendrá
o si del que ya se ha ido.

No siempre se puede ser
del momento que se vive.
Nos pesa mucho el ayer.

Yo sueño con un futuro
que no le pese el ayer.

CANCIÓN 34

De todos modos, mi canto
puede ser de cualquier parte.
Pero estas rotas raíces,
¡ay, estas rotas raíces!,
a veces no me lo dejan
ser del mundo, ni siquiera
de aquella tierra, tan sólo
de aquella mínima parte
de la Tierra.
Y hay quienes me dicen: Tú,
¿cómo puedes decir eso?
Y yo les respondo: Amigos,
aunque mi canto quisiera
ser del mundo,
tiene al aire las raíces,
y le falta el alimento
de la tierra conocida.
Y es como un árbol que sube
sin ser de ninguna parte,
aunque a veces,
por un infinito golpe
heroico del pensamiento,
tocan tierra sus raíces,
y su canto llega a ser
tan sólo de aquella tierra,
de aquella mínima parte
de la Tierra.

CANCIÓN 35

Pienso ahora –medianoche–
que nunca dormí en la vida,
que cerré de cuando en cuando
los ojos y sumergía
en la apariencia del sueño,
sin dormir, cuando veía.

CANCIÓN 36

Enemigo subterráneo,
oscuro y torvo enemigo,
te mataré con mi canto.

Día a día, con mi canto.

Mis armas no son las tuyas.
No las conozco. Mi brazo
se maneja sin escudo.
Sin flechas, mis claras manos.

Tú no tienes nada. Sólo
tu triste y mudo trabajo.

¿Dónde estás? Nadie te mira.
Nadie conoce tus pasos.
Pero yo te estoy matando.

No susurres,
ya ni siquiera susurres,
porque yo te estoy matando.

CANCIÓN 37

Prisionero de León:
matáronte el avecica
que te cantaba al albor.

Libre, vendrá una mañana
en que escuches tu avecica
cantando de rama en rama.

CANCIÓN 38

Un día, los olivares
se llenarán de palomas.

–Más palomas ese día,
madre, que hojas.

–Y, también, más que aceitunas,
hijo, palomas.

CANCIÓN 39

Sol de esta tierra, yo llevo,
de otra tierra, un sol adentro.

Aquí está el tuyo, aquí el mío,
frente a frente, pero idénticos.

Me hace arder el tuyo, el mío
me hace siempre estar ardiendo.

Dos soles me están quemando.
Ya soy un toro de fuego.

ÍNDICE

Colección Clásicos Universales

Títulos publicados

1.	Anónimo	*Vida de Lazarillo de Tormes*
2.	Federico García Lorca	*Romancero gitano*
3.	Franz Kafka	*La metamorfosis*
4.	William Shakespeare	*Romeo y Julieta*
5.	Pablo Neruda	*20 poemas de amor y una canción desesperada*
6.	Fernando de Rojas	*La Celestina*
7.	J. L. Borges, A. Bioy Casares	*Crónicas de Bustos Domecq*
8.	Antonio Machado	*Poesías*
9.	Gustavo Adolfo Bécquer	*Leyendas*
10.	Lope de Vega	*Fuenteovejuna*
11.	Charles Baudelaire	*Las flores del mal*
12.	Arthur Miller	*La muerte de un viajante*
13.	Don Juan Manuel	*El Conde Lucanor*
14.	Rosalía de Castro	*Antología poética*
15.	Miguel de Cervantes	*Novelas ejemplares I*
16.	Miguel de Cervantes	*Novelas ejemplares II*
17.	Rubén Darío	*Antología poética*
18.	José Zorrilla	*Don Juan Tenorio*
19.	Anónimo	*Amadís de Gaula*
20.	Federico García Lorca	*Poeta en Nueva York*
21.	Oscar Wilde	*El retrato de Dorian Gray*
22.	Pablo Neruda	*Antología esencial*
23.	Miguel Hernández	*Antología*
24.	Molière	*Tartufo*
25.	Lope de Vega	*Peribáñez y el Comendador de Ocaña. El mejor alcalde, el Rey*
26.	Nicolás Maquiavelo	*El príncipe*
27.	León Felipe	*Antología rota*
28.	Federico García Lorca	*La casa de Bernarda Alba*
29.	Jorge Manrique	*Coplas a la muerte de su padre y otros poemas*
30.	Walt Whitman	*Canto a mí mismo*

31. René Descartes	*Discurso del método*
32. Autores varios	*Poesía romántica española*
33. Federico García Lorca	*Bodas de sangre*
34. Miguel Hernández	*Cancionero y romancero de ausencias*
35. L. Fernández de Moratín	*El sí de las niñas*
36. José M.ª Arguedas	*Los ríos profundos*
37. Miguel Hernández	*El rayo que no cesa*
38. G. Keith Chesterton	*El hombre que fue Jueves*
39. J.L. Borges, A. Bioy Casares	*Cuentos breves y extraordinarios*
40. Lope de Vega	*Poesías*
41. Rafael Alberti	*Antología poética*
42. Eurípides	*Las troyanas*
43. Federico García Lorca	*Así que pasen cinco años. Cinco farsas breves*
44. Arthur Schnitzler	*La señorita Elsa*
45. César Vallejo	*Trilce*
46. Vicente Aleixandre	*Poemas amorosos*
47. Henry James	*Los papeles de Aspern*
48. Pedro Salinas	*La voz a ti debida*
49. William Shakespeare	*El mercader de Venecia. La tempestad*
50. Federico García Lorca	*Antología poética*
51. Sófocles	*Edipo rey. Antígona*
52. Pablo Neruda	*Cien sonetos de amor*
53. Tennessee Williams	*Un tranvía llamado Deseo. Lo que no se dice. Súbitamente el último verano*
54. Benito Pérez Galdós	*Trafalgar*
55. José Martí	*Vibra el aire y retumba*
56. Robert Louis Stevenson	*El Dr. Jekyll y Mr. Hyde*
57. Rafael Alberti	*Marinero en tierra*
58. Autores varios	*Antología del cuento universal I*
59. Autores varios	*Antología del cuento universal II*
60. Pedro Salinas	*Razón de amor*
61. Antón Chéjov	*La gaviota. Las tres hermanas. El tío Vania*
62. Rainer Maria Rilke	*Los cuadernos de Malte Laurids Brigge*
63. Tennessee Williams	*El zoo de cristal*
64. Oscar Wilde	*El fantasma de Canterville y otros cuentos*
65. Rafael Alberti	*Baladas y canciones del Paraná*

En preparación

66. William Shakespeare — *Hamlet*
67. Juan Valera — *Pepita Jiménez*
68. Autores varios — *Historiadores de Indias I*
69. Autores varios — *Historiadores de Indias II*